글쓴이 **김산하** · 그린이 **김한민**

산하와 한민은 외교관이던 아버지를 따라 여러 나라에서 어린 시절을 보냈어요. 두 형제는 한국뿐만 아니라 일본, 스리랑카, 덴마크 등에서 자라면서 다양한 자연환경을 접할 수가 있었죠. 그 속에 사는 신기한 동물들을 보면서 형 산하는 동물 책을 읽길 좋아했고, 동생 한민은 동물들을 따라 그리길 좋아했어요. 어릴 때의 모습이 그대로 이어져 지금 형은 서울대학교에서 박사 과정을 마치고 동물의 행동생태학을 연구하고 있고, 동생은 같은 대학에서 디자인을 공부한 후 그림책 작가로 활동하고 있죠. 세상의 모든 동물을 통해서 아이들에게 자연의 메시지를 전달하는 게 둘의 꿈이에요.

「STOP!」 시리즈는 이런 두 사람의 꿈이 합쳐져 만들어진 책이에요. 1권의 주제 '함께 살기'처럼 형제는 공생하는 법을 터득한 셈이죠!

❶ 동물들이 함께 사는 법

1판 1쇄 펴냄-2006년 11월 10일, 1판 10쇄 펴냄-2021년 12월 23일
글쓴이 김산하 그린이 김한민 펴낸이 박상희 펴낸곳 (주)비룡소
출판등록 1994. 3. 17. (제16-849호) 주소 06027 서울시 강남구 도산대로1길 62 강남출판문화센터 4층
전화 영업 02)515-2000 팩스 02)515-2007 편집 02)3443-4318,9 홈페이지 www.bir.co.kr
제품명 어린이용 각양장 도서 제조자명 (주)비룡소 제조국명 대한민국 사용연령 3세 이상

ⓒ 김산하, 김한민 2006 Printed in Seoul, Korea.

ISBN 978-89-491-5184-7 74490/ 978-89-491-5183-0(세트)

* 이 책은 자원의 순환과 환경 보호에 기여하기 위해 재생종이와 콩기름 잉크를 써서 만들었습니다.
책 뒤표지에는 한국간행물윤리위원회가 인증하는 녹색출판 마크를 실었습니다.

김산하 글 · 김한민 그림

비룡소

등장인물 소개

지니

동물 모자를 즐겨 쓰는 우리의 주인공! 동물들과 이야기할 수 있는 신비한 능력이 있어요. 주위는 좀 산만하지만 상상력으로 가득 찬 호기심 소녀죠. 언제 상상의 세계로 빠져 동물들과 이야기하고 있을지 몰라요. 자기만의 상상 토크쇼를 열어, 동물들을 초대해요.

엘리

늘 지니와 함께하는 친구예요. 평범한 뱀 인형처럼 보이지만, 사실 엘리는 메두사의 머리카락 뱀 중 하나였어요.

★★★ 지니의 신비한 능력 ★★★

하나!
딱 5분 동안 무엇이든 멈출 수 있어요! 물론 'STOP!' 이라고 주문을 외치는 걸 잊으면 안 되겠죠?

둘!
생명이 깃든 것과는 뭐든지 같이 이야기할 수 있어요! 지니가 그러는데요, 곤충들은 알고 보면 참 수다쟁이래요.

셋!
지니는 상상의 세계에서 마음껏 뛰어놀 수 있어요. 지니에겐 평범한 세상도 이렇게나 재미있어 보인답니다.

복슬이와 라몽
지니네 반에서 가장 힘이 센 라몽과 땅파기 명수인 강아지 복슬이에요.

니꼬
지니의 단짝 친구. 호기심은 많지만, 소심해서 늘 지니의 도움이 필요해요. 그래도 무슨 일이든 빠지는 법은 없죠.

토크쇼의 제작진들
지니의 상상 토크쇼에 등장하는 제작진. PD인 오리너구리, 조명 담당 땅돼지, 카메라맨 비비원숭이 그리고 잡일을 맡은 유럽오소리는 지니에게 없어서는 안 될 친구들이에요. 사실 이 네 친구는 지니 방에 있는 동물 인형들이 잠시 살아난 거랍니다!

제1화 보물 찾기

화창한 일요일 아침이에요.
지니는 뭘하고 놀까 생각 중이었죠.
그때 니꼬가 급하게 뛰어왔어요.
니꼬는 손에 뭔가를 들고 있었죠.

"헉헉, 내가 뭘 찾았는지 알아? 이것 좀 봐!"

니꼬는 신이 나 말했어요.
"서랍을 정리하다 지도를 발견했어.
이건 분명히 보물 지도야!
우리 집 정원에 보물이 있다니!
정말 놀랍지? 당장 가서 찾아보자!"

지니와 니꼬는 니꼬네 집 정원으로
쏜살같이 달려갔어요.
둘은 바로 꽃삽을 들고 보물 찾기를
시작했지요.

지도를 보니까 여기쯤인 거 같아!

지니는 가슴이 콩콩 뛰기 시작했어요.

하지만 땅을 파는 건 생각만큼 쉽지 않았어요.
니꼬는 벌써 힘든지 얼굴이 빨개졌죠.
그때 지니에게 좋은 생각이 났어요.

라몽은 지니네 반에서 가장 힘센 아이였어요.
지니는 쪼르르 달려가 라몽을 데려왔지요.

지니와 니꼬는 입을 다물 수가 없었어요!
라몽은 정말 대단했거든요.
꽃삽도 필요 없었죠.

하지만 '땅 파기 천재' 라몽도 가끔씩 실수를 하지요.

지니가 다른 곳을 가리킬 때마다
라몽은 땅을 파고, 니꼬는 흙을 날랐어요.
하지만 어디에도 보물은 없었지요.
지루해진 지니는 정원을 두리번거리다가
나무 위에 앉은 새 한 마리를 발견했어요.

지니는 새를 좀 더 가까이 보기 위해
나무 위로 폴짝 뛰어 올라갔어요.

하지만 지니가 나무를 반쯤 올라갔을 때 새는 담장 너머로 날아가 버렸어요.

지니는 새를 따라가기로 마음먹었지요.

안녕, 친구들! 난 엘리야. 난 항상 지니와 함께 상상 여행을 떠나.

엘리야, 잠깐만 여기에 들어가 있어. 우리 저 새를 따라가자.

새처럼 날아라, 얍!

폴짝

둥지 안에는 알이 가득했어요.

그때 지니가 소리쳤어요!

어미 개개비가 뻐꾸기 알이랑 개개비 알을 구별하지 못할까요?

뻐꾸기 알   **개개비 알**

색깔과 무늬가 정말 비슷하죠?

뻐꾸기 알의 또 다른 특징

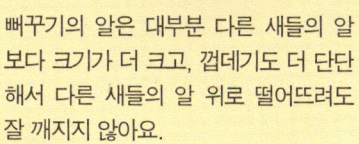

뻐꾸기의 알은 대부분 다른 새들의 알보다 크기가 더 크고, 껍데기도 더 단단해서 다른 새들의 알 위로 떨어뜨려도 잘 깨지지 않아요.

구별하기가 정말 어려워요. 어떤 어미 개개비는 진짜 개개비 알을 뻐꾸기 알인 줄 알고 버리기도 한대요! 또 뻐꾸기 알을 밖으로 버리면, 어미 뻐꾸기가 돌아와서 막 행패를 부리기도 한다지 뭐예요!

우리 엄마가 날 보러 다시 온다고?

"그런데 이왕 한 가족이 됐으니까 같이 살면 안 되나요?"

"음……. 괜찮을 것 같은데?"

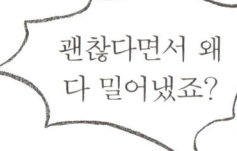

"괜찮다면서 왜 다 밀어냈죠?"

뻐꾸기 한 마리는 개개비 네 마리가 우는 소리만큼 큰 소리를 냅니다. 소리가 더 큰 만큼 어미 개개비는 새끼 뻐꾸기에게 많은 먹이를 가져다주지요.

"내 입이 그렇게 큰가?"

"아마 입도 다른 새보다 훨씬 클걸요?"

둥지 기생

뻐꾸기는 스스로 둥지를 짓지 않고 개개비의 둥지에 알을 낳아요. 개개비는 새끼 뻐꾸기를 자기 새끼인 줄 알고 키운답니다. 이렇게 스스로 새끼를 기르지 않고 다른 새가 기르도록 하는 것을 '둥지 기생' 이라고 해요.

건강한 새끼 뻐꾸기

뻐꾸기는 다른 새보다 몸집이 크고 힘이 세기 때문에 둥지 기생을 잘 할 수 있어요. 새끼 뻐꾸기는 일찍 알에서 깨어나기 때문에 다른 알들을 밀어낼 수 있지요. 또 새끼 뻐꾸기는 소리가 우렁차고, 울음소리도 개개비와 비슷해요. 그래서 어미 개개비는 자기 새끼인 줄 알고 열심히 먹이를 가져다주지요.

둥지 기생을 하는 새들

뻐꾸기뿐만 아니라 북아메리카산 찌르레기, 아프리카 꿀잡이새, 남아메리카 검은머리오리 등도 둥지 기생을 해요.
어떤 새들은 자기 둥지에 뻐꾸기 알이 있다고 생각하면 아예 그 둥지를 버리기도 해요. 이때 실수로 진짜 새끼들이 버려질 수도 있어요.

기생하려는 뻐꾸기와 기생당하지 않으려는 개개비,
이 둘의 싸움은 계속돼요. 뻐꾸기는 둥지 기생이라는 독특한 방식을
사용하기 때문에 살아남으려면 개개비와 끊임없이 싸울 수밖에 없죠.
이렇게 자연에서는 살아남기 위해 다른 부모의 보살핌을 이용하기도 해요.

제2화 땅 파기 명수

땅 파기가 힘들어지자 라몽은 집에서 복슬이를 데려왔어요.
복슬이는 주인인 라몽처럼 힘이 넘치는 강아지였어요.
라몽이 자랑스럽게 말했어요. "땅 파는 거라면 복슬이가 최고지!"

정원이 망가지면 어떡하지?
엄마한테 혼날 텐데.

니꼬는 조금 걱정이 되었어요.

하지만 복슬이는 이미 정신없이 땅을 파고 있었지요.

그때 갑자기 복슬이가 뭔가를 물어 당기기 시작했어요.
보물을 찾은 걸까요?

앗, 너구리 꼬리잖아!
복슬이가 너구리를 잡았다!

영차!

영차!

모두 설레는 마음으로 너구리 꼬리를 잡아당기기 시작했어요. 그런데……

그건 진짜 너구리가 아니라
겨울에 쓰는 너구리 모자였어요.

라몽은 너구리 모자가 마음에 든 모양이에요.
니꼬가 아무리 우겨도, 라몽은 들은 척도 안 했지요.
복슬이는 계속해서 이리저리 땅을 팠어요.

그때 지니 옆으로 귀뚜라미 한 마리가 지나갔어요.

지니는 귀뚜라미를 따라 폴짝폴짝 뛰어갔죠.

이게 뭐지?
동그란 벌레들이 줄기에
붙어 있네?

지니는 그 벌레들이 무엇인지
무척이나 궁금했어요.

와아!

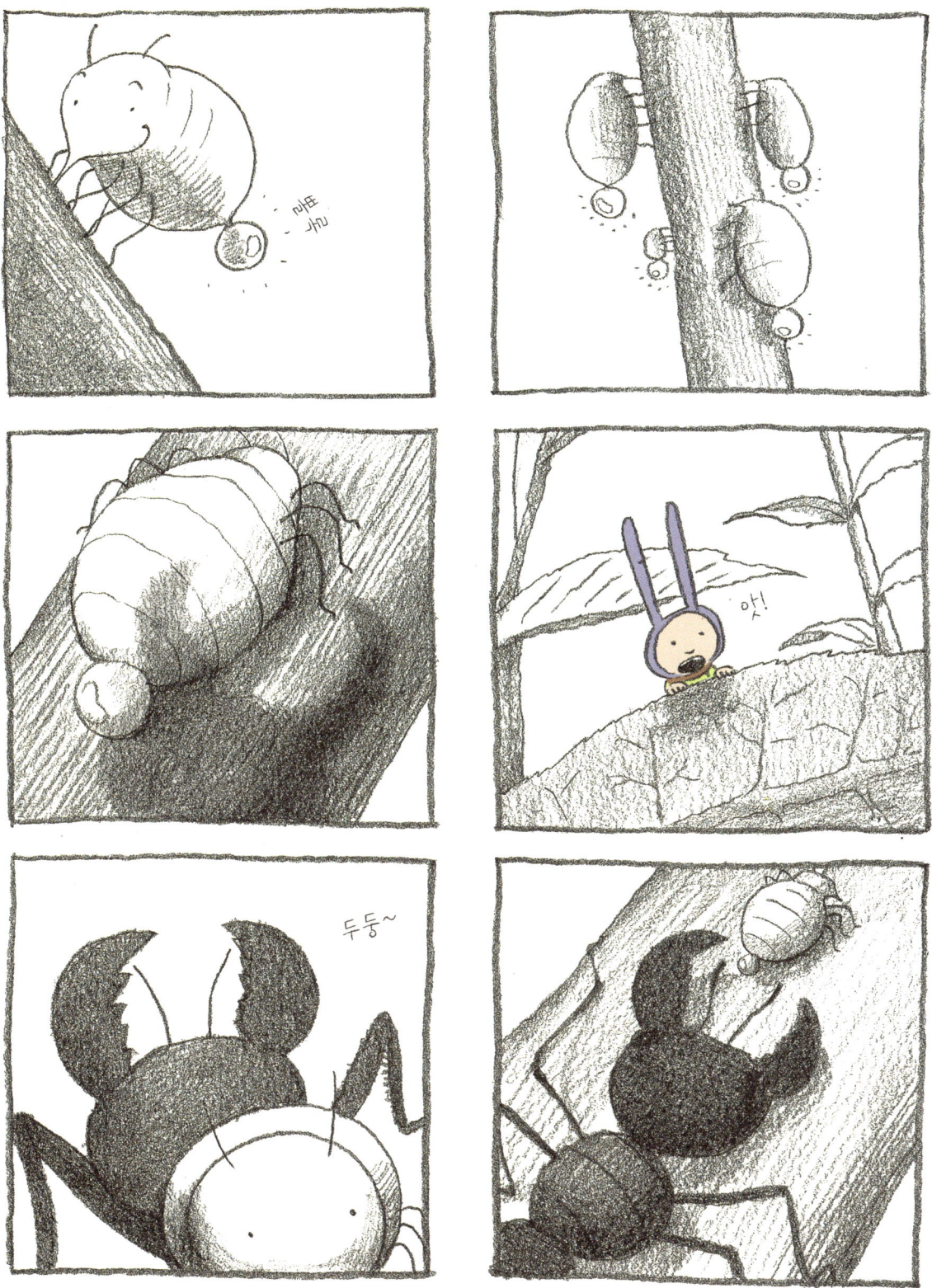

우리는 식물 속에 흐르는 수액을 먹어요.
줄기 속에다 뾰족하게 생긴 입을 꽂으면
수액이 저절로 올라와요. 수액을 많이 먹으면
몸에 수액이 넘쳐서 엉덩이에 방울이
맺히죠. 개미 아저씨들은 우리를 보호해
주는 대신 이 수액을 먹어요.

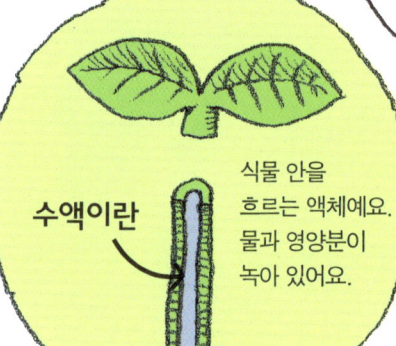

수액이란 식물 안을 흐르는 액체예요. 물과 영양분이 녹아 있어요.

맺히는 수액 방울

그럼 개미 아저씨들 때문에 더 많이 먹어야 하는 거니?

글쎄요, 아저씨들이 뒤에 있으면
보통 때보다 더 빨리 먹기는 하죠.
그래서 엉덩이에 수액 방울도
더 크게 생겨요.

혼자 있을 때   개미가 돌볼 때

수액을 2~3배 더 빨리 마셔요.

2:45

"그럼, 개미님은 수액 때문에 진딧물을 돌보나요?"

"솔직히 수액을 좋아하는 건 맞아요. 하지만 같이 지내는 게 진딧물들한테도 나쁜 일은 아니에요. 오히려 더 좋을걸요. 우리가 지켜 주면 진딧물들이 마음 놓고 밥을 먹을 수 있으니까 더 잘 산단 말이에요."

개미가 돌봐 주는 진딧물은 다른 진딧물보다

더 오래 살아요.

더 빨리 자라요.

더 많은 새끼를 낳아요.

"아, 그래요?"

"게다가 진딧물이 살던 식물이 시들면 우리가 다른 곳으로 이사도 시켜 줘요. 겨울철에는 진딧물 애벌레들을 우리 집으로 데려가거나 살 곳을 따로 만들어 주기도 하고요."

33

"우리는 수액을 먹으면 힘이 나거든요!
식물은 밥을 먹지 않고 스스로 영양분을 만들어요.
이 영양분은 수액에 녹아서 관을 따라 식물의 몸 전체에
보내지죠. 진딧물은 식물의 관에 입을 꽂아서
수액과 함께 영양분도 먹는 거예요."

"그러고 보니 개미님은
입이 굉장히 특이하게
생겼네요."

"그렇죠. 저는 입이 빨대처럼
생기지 않았으니까 수액을 바로
먹을 수 없어요. 그래서 진딧물들의
도움을 받는 거예요."

"그런데요,
진짜 배고파요."

식물은 빛, 공기, 물을 이용해서 스스로
영양분을 만들어요. 동물은 이런 식물이
나 다른 동물을 먹고 살지요.

"응, 우리도 이제 가자.
안녕, 밥 잘 먹어!"

"안녕!"

진딧물의 먹이

식물은 햇빛, 물, 공기를 이용해 스스로 영양분을 만들어요. 만들어진 영양분은 수액과 함께 식물의 몸 구석구석으로 운반돼요. 진딧물은 수액이 흐르는 곳에다 길쭉하게 생긴 입을 꽂아요. 수액은 일부러 빨지 않아도 식물 안의 압력 때문에 진딧물 몸 안으로 저절로 흘러들어 와요. 진딧물은 이 수액을 먹고 살아요.

개미와 함께

개미는 자기한테 훌륭한 먹을거리를 주는 진딧물을 보호해 줘요. 진딧물의 천적들도 개미가 있는 곳에는 함부로 발을 들여놓지 못해요.
이렇게 개미의 보호를 받으면서 사는 진딧물은 다른 진딧물들보다 더 잘 크고, 새끼도 많이 낳는답니다. 어떤 진딧물은 개미를 더 잘 유혹하기 위해서 수액 속에 개미들이 아주 좋아하는 성분을 섞기도 해요. 하지만 주변에 천적이 별로 없으면 개미의 도움이 필요 없을 수도 있어요.

영양 만점 수액

수액 안에는 여러 가지 영양분이 들어 있어요. 진딧물은 잘 자라기 위해서 영양분을 골고루 먹어야 해요. 그런데 어떤 영양분은 수액 속에 조금밖에 없기도 해요. 그래서 부족한 영양분을 충분히 얻기 위해서는 수액을 많이 먹어야 해요.
넘치는 수액은 진딧물의 꽁무니에 둥그런 방울로 맺혀요. 개미는 이 둥그런 수액 방울을 먹고 힘을 얻는 거죠.

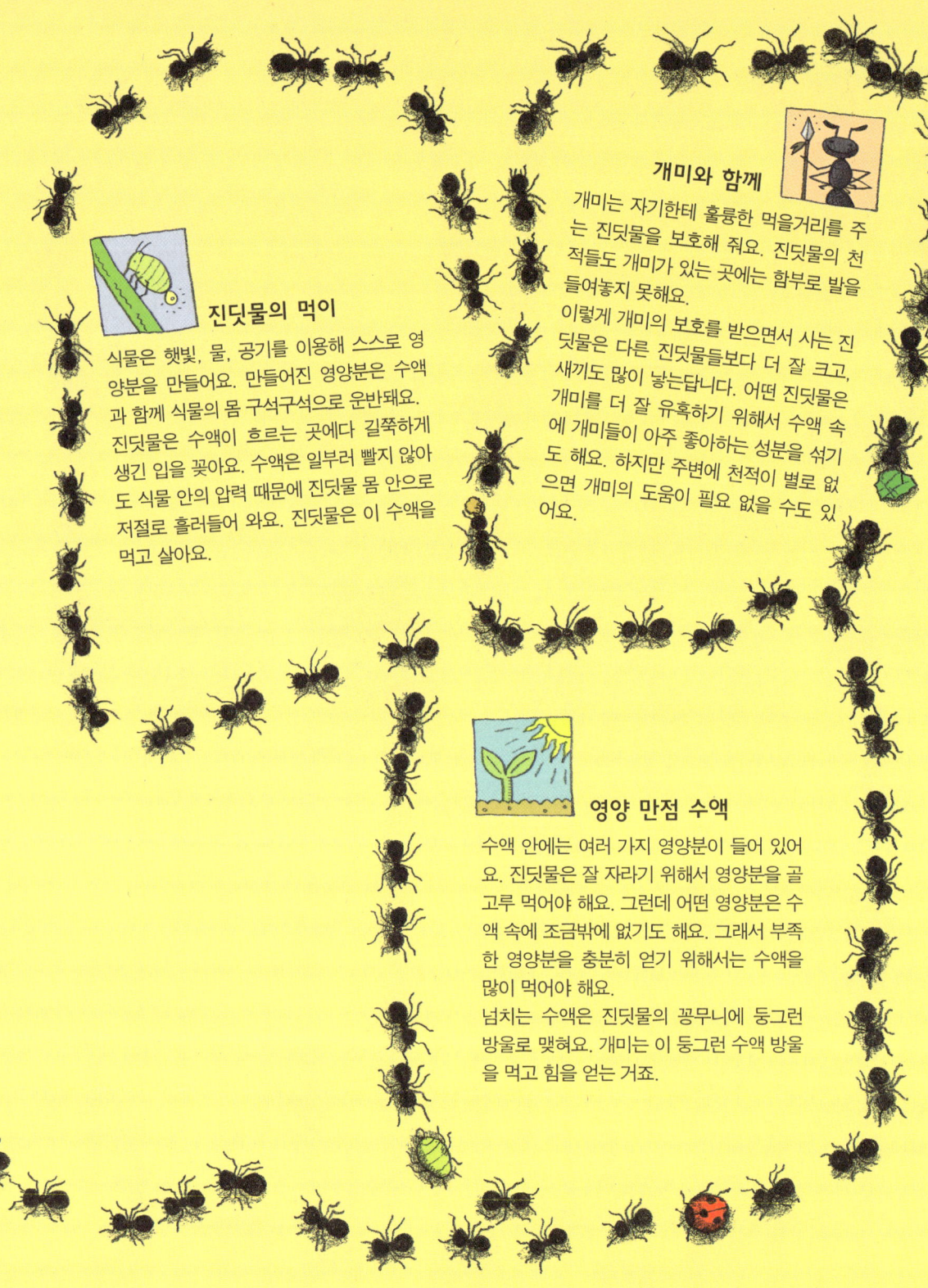

개미와 진딧물은 서로 도우며 같이 살아가요.
이런 경우를 '공생'이라고 하죠.
공생은 남을 위해 봉사하는 것과는 달라요.
양쪽 모두 필요한 것이 해결되어 서로에게 다 이로울 때에만
공생 관계가 이루어지죠.

 제3화 **복슬이가 이상해**

어느새 복슬이는 온 정원을 다 파헤쳐 버렸어요.
흙더미가 여기저기 쌓이고 정원은 엉망이 돼 버렸죠.
그런데도 보물은 흔적조차 보이지 않았어요.

셋은 머리를 맞대고 끙끙 고민하기 시작했어요.

생각해 보니 파지 않은 곳이 딱 한 군데 있었어요.
꽃밭은 건드리지도 않았거든요.

니꼬는 깜짝 놀라 손을 내저으며 지니를 말렸어요.

그런데 복슬이가 좀 이상해 보였어요.
갑자기 몸을 벅벅 긁지 뭐예요.

복슬이는 나무에 등을 대고 비비더니
덤불에 뛰어들어 이리저리 날뛰기 시작했어요!

"안 되겠다. 잡아!" 라몽이 소리치며 복슬이한테로 달려갔어요.

복슬이는 작은 분수대 위로 훌쩍 뛰어올랐어요.
그러고는 계속 몸을 벅벅 긁어 댔죠!

그런 다음 복슬이가 힘껏 뛰어오른 곳은 바로…….

안 돼!
거기만은 제발!

5:00

"복슬아, 도대체 왜 그래? 꽃밭을 망치면 혼난단 말이야!"

"그럼 어떡해.
몸이 가려워서 도저히 견딜 수가 없는걸!
엊그제는 안 하던 목욕도 했다고.
그런데 조금 지나니까 또 너무 가려워.
따끔거리기까지 해서 가만히
있을 수가 없어."

"그랬구나.
그런데 목욕은
이번이 처음이니?"

"응. 아니, 두 번째인가?
너무 오래전 일이라 생각이 잘 안 나네.
라몽이랑 놀기도 바쁜데 목욕 같은 거
할 시간이 어디 있어? 그렇지, 라몽?"

3:18

그 조그만 동물은 점점 커지더니 커다랗고 무시무시하게 변해 버렸어요!

야아압! 커져라!

으악!

헉!

1:40

"저기, 온 가족이 다 같이 사나요? 여기서, 그러니까 저한테서요?"

벼룩
동물의 털 안에는 때때로 피를 빨아 먹는 벼룩이 살기도 해요. 벼룩의 몸 크기는 좁쌀보다도 작고, 물을 아주 싫어한답니다.

순식간에 어른!
3주만 지나면 벼룩은 어른이 되어 짝짓기를 해요!

"그럼요! 고조할아버지부터 손자 손녀까지 다 같이 살아요! 우리는 3주만 지나면 어른이 되거든요. 그래서 식구가 금방 많아져요. 게다가 지금 사는 집이 얼마나 편안하고 좋은지, 다들 정말 행복해 한답니다."

"지금 사는 곳이 어디인데요?"

"우리는 강아지님의 털 안에서 살아요. 따뜻하고 먹을 것도 많거든요. 배가 고프면 그냥 바닥을 물기만 하면 되지요, 헤헤."

하지만 벼룩 애벌레들은 다른 곳에서 살아요. 어미 벼룩들이 햇빛이 들지 않고 먼지가 가득한 곳에 알을 낳거든요. 애벌레들은 알에서 깨어나 어른이 될 때까지 푹신하고 아늑한 곳에서 지내죠.

질문이 있는데요. 그럼 벼룩님 아이들은 양탄자 같은 데에도 사나요?

물론이죠! 양탄자야말로 최고의 장소죠! 애벌레들은 양탄자에서 번데기가 될 때까지 살아요.

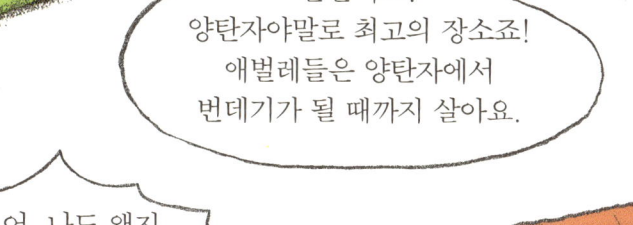

어, 나도 왠지 가려운 것 같아.

긁적 긁적

양탄자에서 새끼 벼룩들이 자라나고 있을지 몰라요!

어른 벼룩이 되려면

벼룩이 언제나 다른 동물의 몸에서만 사는 것은 아니에요.
어미 벼룩은 양탄자처럼 습하고, 어둡고, 따뜻한 곳을 찾아 알을 낳아요. 알에서 깨어난 애벌레들은 안전한 곳으로 깊숙이 들어가죠. 거기에서 어른 벼룩들이 반쯤 소화시킨 핏덩어리를 먹고 살아요.
애벌레들은 몸이 다 자라면 번데기가 되어 가만히 기다려요. 그러다가 어떤 동물이 근처를 지나가면 움직임을 느껴서 그 동물 위로 올라타는 거예요. 벼룩은 동물이 나타날 때까지 무려 100일이나 견딜 수 있어요.

벼룩 조심

집에서 키우는 강아지의 털 속은 작은 벼룩에게는 따뜻한 보금자리예요. 벼룩은 다른 동물의 피를 빨아 먹고 살거든요.
털 안에 벼룩이 있으면 강아지는 매우 불편할 거예요. 이리저리 몸을 헤집고 다니면서 무는 벼룩 때문에 정말 가렵고 따끔거리죠. 게다가 잘못하면 벼룩을 통해서 나쁜 병에 걸릴 수도 있어요. 그런 강아지와 같이 지내면 사람한테도 벼룩이나 나쁜 병균이 옮을 수 있으니 조심하세요.

다른 동물에 붙어서 영양분을 얻는 걸 '기생'이라고 해요.
벼룩은 기생 동물 가운데 하나예요. 하지만 기생 동물이 아닌
동물들도 모두 다른 동물이나 식물에 의존해서 살아요.
이처럼 동물들이 살아가는 방식은 매우 다양하답니다.

 # 1시간 후······.

니꼬는 우물쭈물하다가 고개를 푹 숙이고,
엄마에게 지도를 보여 줬어요.

엄마는 지도를 보더니······   큰 소리로 웃었어요.

모두들 눈을 동그랗게 뜨고 물었어요.

"보물 지도가 아니에요?"

"우리 니꼬가 기억을 못 하는구나? 네가 지금보다 훨씬 어렸을 때……"

아빠가 귀여운 금붕어를 사 왔었지.

"엄마! 금붕어가 이상해!"

어쨌든 우리는 정원에 금붕어를 묻어 주었어.

하지만 어느 날 금붕어가 그만 죽고 말았단다.
그때 넌 너무 어려서 죽는 게 뭔지도 몰랐지만……

그제야 아이들은 마음이 놓였어요.

그때 밖에서 "멍멍!" 소리가 들렸어요.

창밖을 내다보니 엉망이 되어 버린 꽃밭에서 복슬이가
신나게 꼬리를 흔들고 있었답니다!

사랑하는 지니에게

어제는 사람들과 식사를 하다가 사과 속에서 벌레가 나와 한바탕 소동이 벌어졌단다. 사람들은 소리를 지르며 야단이었지. 도대체 어떤 벌레이기에 이 야단들이지 하는 생각에 그 사과를 집어 보았더니, 생각보다 귀엽게 생겼더구나. 작은 몸을 웅크리고 사과 속으로 더 들어가려고 애를 쓰는 모습을 보니 아빠는 문득 우리 착한 지니가 떠올랐단다. 너라면 그렇게 난리 법석을 부리진 않았을 테니까!

사람들은 음식에서 벌레가 나오는 걸 싫어하지. 자기 몸에서 나오면 더 그렇겠지? 기생충처럼 미움 받는 동물도 아마 없을 거란다. 하지만 기생충이 아무리 싫다 하더라도 이것 한 가지는 잊어서는 안 된단다. 생물은 모두 저마다 사는 방식이 있고, 그걸 함부로 좋거나 나쁘다고 할 수 없는 거란다. 어떤 동물은 다른 큰 동물에 붙어살기도 하고, 다른 동물이 잡은 먹이를 얻어먹고 살기도 하지. 물론 당하는 동물의 입장에서 보면 괴롭고 힘들 거야. 그렇지만 지니야, 아무에게도 의존하지 않고 사는 동물은 없단다. 다만 그 방식이 다를 뿐이지.

게다가 서로 돕고 사는 동물도 있잖니! 때에 따라서는 같이 사는 게 훨씬 좋을 때도 있는 거란다. 소의 몸속에 미생물이 없으면 풀을 소화시키지 못한다는 걸 알고 있니? 세상에는 다른 동물들과 함께 사는 동물이 많고, 때로는 평화롭게, 때로는 그렇지 못한 채로 살아간단다.

그래도 지니야, 일부러 다른 동물의 보금자리가 되어 줄 필요는 없단다. 우리도 우리 나름의 생활 방식이 있으니까!

사랑하는 아빠로부터

우리 친구 지니는~

가장 즐겨 쓰는 코끼리 모자

제일 좋아하는 동물 백과사전

단짝 친구 엘리

지니를 눈여겨보세요.
지니는 아주 특별한 친구예요.

지니는 상상의 세계에서 마음 껏 뛰놀 수 있어요. 보통 사람에게는 이렇게 보이는 모습이 지니에게는……

이렇게 보이기도 한답니다!

동물을 빼놓고 지니를 얘기할 수는 없어요. 지니의 방에는 신기한 동물 인형들과 동물 모양의 옷이 가득해요.

악어, 아르마딜로, 비비원숭이, 고릴라, 코끼리, 오리너구리, 코뿔소, 부엉이, 에뮤, 오소리, 공룡, 엘리

지니가 어디 있을까요?

지니는 정말 동물을 사랑해요.

지니도 처음부터 동물들과 이야기를 나눌 수 있었던 건 아니에요. 엘리를 만나 신비한 능력을 얻기 전까지는 말이죠.

그 이야기에 대해서는 2권에서 알려 줄게요.

누군가 지니한테 이렇게 물어본 적이 있어요.
"지니는 나중에 커서 과학자가 되고 싶니?"
하지만 지니가 진짜로 되고 싶은 건…….

어때요, 지니랑 더 친해지고 싶지 않나요?

우리 친구들,
앞으로 지니의 활약을 더 기대해 주세요!

작가의 말

여기 할 말 많은 동물들이 있다.

열심히 제 갈 길을 가는 개미, 정신없이 짹짹거리는 새들, 전봇대마다 킁킁 냄새를 맡는 강아지, 다 저마다의 이유가 있습니다. 평범한 이들의 눈에는 동물들이 그저 단순해 보일지도 모르죠. 하지만 그들의 목소리를 들을 줄 아는 사람에겐, 어딜 가더라도 왁자지껄 북적북적 소란스럽기 짝이 없습니다.

작은 생명체 하나라도 풀어낼 얘깃거리가 많습니다. 우리가 말을 걸 수 있다면 어떨까요? 하루하루 먹잇감을 구하기가 어렵다고 투덜대거나, 짝을 못 만난 속사정을 털어놓는 재미있는 상상을 해 봅니다. 특히 지구의 구석구석까지 조금씩 집어삼키고 있는 우리 인간에게 하고픈 말이 유난히 많을지 모릅니다.

모든 동물들에게 말할 기회를 주고 싶었습니다. 우리가 일방적으로 이해했던 그들의 입장을 스스로 설명할 수 있도록 말이지요. 그래서 순수한 지니의 눈을 통해 동물의 세계로 발을 들여놓는 순간, 다양한 모양의 입이 열리고 온갖 종류의 목소리가 들려왔습니다. 동물들을 통해서 우리가 미처 알지 못했던 또 다른 자연을 만나고 이해할 수 있었습니다.

안타깝게도 동물을 소재로 한 어린이 과학만화 중 많은 책들이 몇 가지 신기한 특성을 늘어놓는 데 그치거나, 비전문가에 의해 만들어지고 있습니다. 동물을 징그럽게 묘사하거나 인간이 맞서 싸워야 할 대결 상대로 왜곡시키는 경우도 있

죠. 아이들은 대부분 가장 좋아하는 동물을 통해 자연과 환경에 관심을 가지기 시작합니다. 따라서 자연과 처음 만나기 시작하는 어린이들에게 과학적으로 검증되고 올바르게 전달하는 창을 열어 주는 것이 아주 중요하다고 생각합니다.

저는 어렸을 때부터 항상 꿈꾸던 동물 행동학자가 되기 위해 꾸준히 동물 공부를 해 왔습니다. 지금은 영장류를 연구하고 있으며, 한국에서 최초로 영장류의 서식지인 열대 우림을 직접 찾아 열심히 연구를 하고 있습니다.

「STOP!」 시리즈의 모든 동물학적 내용은 이미 발표된 학문적 성과에 근거하여 만들어졌습니다. 동물에 대한 애정과 관심을 바탕으로 하되, 과학적 진정성과 '생명의 이야기' 에 대한 사랑을 가지고 아이들에게 다가가고자 했습니다.

이제 모든 아이들의 귀에 동물들의 이야기가 들리길 기대해 봅니다.

자, 그럼 지금부터 스톱!

「STOP!」 만화로 배우는 동물 과학 그림책

동물들이 말을 할 수 있다면 얼마나 좋을까요? 동물들에게 궁금한 걸 직접 물어볼 수 있을 테니까요. 우리의 주인공 지니는 바로 그런 특별한 능력이 있어요. 지니가 "스톱!" 하고 외치는 순간 뻐꾸기가 왜 다른 새의 둥지에 알을 낳는지, 개미가 왜 진딧물을 도와주는지, 비비원숭이의 엉덩이는 왜 빨간지 동물들이 스스로 이야기해 주기 시작한답니다.

이처럼 「STOP!」 시리즈는 동물의 행동과 생태에 관해서 꼭 알아야 할 주제만을 골라 동물들에게 직접 설명을 듣고, 더 나아가 자연과 환경에 대해서도 생각하게 만드는 책이에요. 이 책을 읽다 보면 동물들과 자연환경에 대한 정보와 지식을 누구보다 많이 알 수 있어요. 뿐만 아니라 자연과 사람의 관계, 사람과 동물의 서로 다른 입장을 이해하는 균형 잡힌 생각도 가질 수 있어요.

「STOP!」 시리즈는 총 9권으로 구성되어 있습니다. 1~5권에서는 동물들이 살아가는 방식을 다룹니다. 1권 『동물들이 함께 사는 법(공생과 기생)』, 2권 『동물들의 가족 만들기(짝짓기와 생식)』, 3권 『동물들이 이야기하는 법(신호와 의사소통)』, 4권 『동물들의 먹이 사냥(먹이 사슬)』, 5권 『동물과 사람이 더불어 살기(동물 이웃)』로 나누어져 있어요. 6~9권에서는 환경 문제가 동물들에게 어떤 영향을 주는지 알아봅니다. 6권 『환경을 살리는 건강한 먹을거리(식량 생산이 생태계에 미치는 영향)』, 7권 『사라지는 열대 우림 구하기(생활용품과 밀림의 관계)』, 8권 『더워지는 지구 지키기(지구 온난화)』, 9권 『세계 환경 회의와 동물 대표(환경 보호)』로 나누어져 있어요.

이 시리즈를 읽으면 동물들이 왜 특이한 행동을 하고, 환경의 파괴로 얼마나 고생하고 있는지 알 수 있습니다. 이제부터 집 뒤뜰의 뻐꾸기 둥지에서부터 남아메리카 아마존의 울창한 열대 우림까지, 전 세계 구석구석으로 신나는 동물 탐험을 떠나 볼까요?